5766

FACULTÉ DE DROIT DE PARIS.

THÈSE

POUR LA LICENCE.

L'ACTE PUBLIÉ SUR LES MATIÈRES CI-APRÈS SERA SOUTENU,

Le Vendredi 25 Août 1848, à 8 heures,

Par André-Marie GARDY, né à Villelagrand

(SAVOIE).

PRÉSIDENT, M. ROYER-COLLARD, PROFESSEUR.

	MM. BUGNET, BONNIER,	PROFESSEURS.
SUFFRAGANTS :	FERRY, ROUSTAIN,	SUPPLÉANTS.

Paris. — 1848.

4° F
6766

JUS ROMANUM.

————◆◆◆◆————

UT LEGATORUM CAUSA.

(Dig., lib. 36, tit. 3.)

Prætorio jure legatorum seu fideicommissorum nomine debet satisdare heres, ut quibus testator dari fierive voluit, his diebus detur vel fiat, dolumque malum adfuturum stipulentur.

In quibuslibet legatis vel fideicommissis, hæc stipulatio locum habet, sive ex die certa, vel sub conditione, sive pure relictum sit fideicommissum, sive de præsenti legato agatur.

Non tantum heredes, sive instituti, sive substituti, sive ab intestato, sed etiam successores eorum, vel honorarii, vel illi quibus ex senatusconsulto Trebelliano restituta est hereditas, compelluntur ad satisdationem. Non solum autem legatariis seu fideicommissariis, sed etiam eorum successoribus atque procuratoribus satisdandum est.

Nemini privato hæc satisdatio remittitur, nisi ei cui testator eam remitti voluerit; sed si ad fiscum vel ad civitatem portio hereditatis pervenerit, sitisdatio non exigitur.

Non dubium est, hanc cautionem exigi non posse ab eo in cujus potestate sit legatarius; etenim non possunt filius a patre,

servus a domino , pretere satisdationem legati nomine relicti sub
conditione.

Sed si pater filium emancipet aut dominus manumittat servum,
pendente conditione , tunc potest exigi ab illis , ut cautioni tantum cum hypotheca suarum rerum committantur.

Non temere quivis ad hanc cautionem petendam admittitur,
sed cognita causa : et si heres dicat per calumniam satisdationem postulari, et relictum neget, ab eo qui caveri postulat exhibenda est scriptura qua relictum adfirmet.

Hæc cautio non alias exhibenda est , quam vel ubi heres domicilium habet, vel ubi est pars major hereditatis. Quare , si heres
in eum locum, cavendi gratia, remitti desideret, ubi domicilium
habet, legatarius caveri autem ibi postulat ubi est hereditas, non
erit remittendus. Vice versa , si legatarius satispetat ubi heres
domicilium habet, non poterit heres prescribere quod alibi sit
major pars hereditatis.

Quum legatorum nomine satisdatum est, simul ac legatorum
dies cedit, protinus iisdem diebus etiam ex stipulatione deben-
tur quamvis sub certa die præstanda sint. Ea autem veniunt
in stipulatione quæque heres debebat, aut postea debere cœpit,
ex eo legato fideicommissove cujus nomine cavit.

Cautio præstita pro ea parte extinguitur , qua heredi ipso jure,
effectuve minuitur hereditas ; si legatarius sub conditione legatum stipulatus, pendente conditione, decesserit, stipulatio eva-
nescit.

UT IN POSSESSIONEM LEGATORUM.

(Dig., lib. 36, tit. 4 ; Cod., lib. 6, tit. 53.)

Quum cautio de qua supra dictum est non exhibetur, legatarii
vel fideicommissarii, si per eos non stet, quominus eis caveatur,
ex prætorio edicto in omnium bonorum hereditatis possessionem
mittuntur legati vel fideicommissi servandi causa.

Si qua res est quam legatariis defunctus specialiter pignori esse voluit, non solum in eam rem potissimum fit missio, sed in cætera quoque bona hereditatis, scilicet in eas res quæ in causa hereditaria sunt, aut quæ dolo malo heredes esse desierunt, dum adhuc in commercio sint : si distractæ, pretium illarum fideicommissi servandi causa in deposito habendum; si nullæ sint res hereditariæ, in quas legatarii vel fideicommissarii mittantur, per prætorem denegatas heredi actiones ipsi legatarii persequuntur. Si ex duobus heredibus alter satisdare sit paratus, alter non; in partem illius missio fiet qui satisdare non sit paratus.

Is in possessionem mittitur, cui legatum aut fideicommissum quæsitum est, aut quærendum speratur eveniente conditione; non solum unus legatarius mitti in possessionem potest, sed si plures legatarii mitti in possessionem desideraverint, omnes venire debent in possessionem.

Missus in possessionem, si non admittatur, habet interdictum, *ne vis fiat ei*, aut per viatorem, aut per officialem præfecti, aut per magistratus, introducendus est in possessionem.

Patet eum non pro domino possidere, sed tantum esse in possessione pignoris jure; nam expellendi heredem jus non habet, sed simul cum eo possidere jubetur, ut saltem, tædio perpetuæ custodiæ, extorqueat heredi cautionem.

Fructus et cætera custodire debebit legatarius ne ab herede consumantur, neque heredi auferantur, neque depereant, deterioresve fiant, et non prius possessione decedere debebit, quam ei satisdatum fuerit aut satisfactum voluntati defuncti, vel ex fructibus, vel aliunde.

Imperator Marcus Antoninus rescripsit : eum a quo res fideicommissæ petebantur, quum appellasset, cavere; vel si caveat adversarius transferri possessionem debere.

Imperator Antoninus Augustus rescripsit, certis ex causis,

etiam in bona propria heredis, legatarios et fideicommissarios mittendos esse, si post sex menses, ex eo tempore quo prætorem adierunt, eis non satisdatum vel solutum erit; et inde fructus percipient quoad defuncti voluntas expleatur per solutionem.

QUOD LEGATORUM.

(Dig., lib., 43, tit. 3.)

Hoc interdictum, quod vulgo appellatur *quod legatorum*, comparatur possessionis adipiscendæ causa.

Æquissimum enim prætori visum est, unumquemque non sibi jus dicere occupatis legatis, sed ab herede petere; ideo interdictum heredi datur, ut quod quis legatorum nomine usurpavit, id restituat heredi, et deinde possit ab eo petere.

Ut quis hoc interdicto conveniri possit, concurrere plures conditiones oportet : ut possideat, dolove possidere desierit; ut pro legato et sine voluntate heredis possideat. In secunda conditione inspiciendum est initium possessionis, nam nihil nocet, si non perseveret heredis voluntas, quia semel possidere cœpit ex ejus voluntate.

Hoc interdictum heredi aut bonorum possessori eorumque successoribus competit, sub ea lege ut legatario satisdederint legati nomine, et perseveret satisdatum; sed si legatarius repromissione, retentus fuit et noluerit sibi caveri pignoribus, dandum est interdictum.

Jubet prætor *heredi restitui*, ut ab herede petatur; at vero, ex hoc interdicto, qui non restituit, in id quod interest debet condemnari.

DROIT FRANÇAIS.

DISPOSITIONS TESTAMENTAIRES.

(Cod. civ., liv. 3 , tit 2, chap. 5, sect. de 1 à 7, art. 967-1034.)

Tester, c'est disposer pour le temps où l'on n'existera plus, de tout ou partie de ses biens par un acte essentiellement révocable.

Ce droit de disposer à titre gratuit des biens que l'on pourra laisser à son décès, quoiqu'on ne les ait pas encore, est établi par le droit civil; aussi, d'après le Code, les étrangers ne pouvaient-ils disposer des biens immobiliers qu'ils laissaient en France à leur mort; mais la loi du 14 juillet 1819 leur a concédé cette faculté, et depuis ils peuvent disposer par testament de leurs biens situés en France.

SECTION I.

Des règles générales sur la forme des testaments.

Notre Code, sans exiger l'institution d'héritier comme le droit romain, permet à toute personne de manifester sa volonté par testament, sous le titre et sous la dénomination qu'elle voudra, pourvu qu'elle le fasse dans la forme légale.

Nous devons d'abord poser une règle qui s'applique à tous les testaments : c'est que le testament est un acte à titre gratuit,

essentiellement dépendant de la volonté de son auteur, et indé-
pendant de celle d'autrui; donc le législateur devait nécessaire-
ment proscrire les dispositions faites par deux ou plusieurs personnes en un seul et même acte, soit mutuelles ou réciproques,
soit au profit d'un tiers, dispositions qui seraient le plus souvent
la cause ou la condition l'une de l'autre, et laisseraient un accès
facile à la captation.

Trois manières de tester sont de droit commun : 1° le testament olographe; 2° le testament public; 3° le testament mystique.

§ 1. — Du Testament Olographe.

La forme la plus simple et la plus usitée est celle du testament
olographe. La loi n'exige que trois conditions pour sa validité :
il doit être *écrit en entier, daté et signé* de la main du testateur.
La loi ne prescrit rien de plus, mais l'omission d'une seule formalité le frapperait de nullité. Il faut donc que le testament en
entier soit écrit de la main de la personne de qui il émane.

La date peut être suppléée par des équipollences; il n'y a pour
cela rien de sacrementel, mais elle doit être certaine, et peu im-
porte qu'elle soit au commencement, à la fin ou dans le corps de
l'acte; quant à la signature, qui est le complément et la sanction
du testament, elle doit être mise à la fin : aussi tout ce qui est
après la signature n'est pas censé faire partie de l'acte et doit être
annulé; mais le testament ne l'est pas d'après la règle, *utile per
inutile non vitiatur.*

§ 2. — Du testament par acte public.

Le testament par acte public est celui qui est reçu par deux
notaires en présence de deux témoins, ou par un notaire en présence de quatre témoins.

La forme de ce testament est régie par deux législations diffé-

rentes : d'abord par le Code qui est la loi spéciale des testaments,
et ensuite par la loi du 25 ventôse an XI sur le notariat, mais seulement dans le cas où il n'y a pas été dérogé par le Code.

Le Code a tracé huit règles qui sont spécialement exigées à peine
de nullité : 1° le testament doit être reçu par un notaire assisté de
quatre témoins, ou par deux notaires et deux témoins, tandis que
la loi de ventôse n'exige pour les actes notariés en général que
deux notaires sans témoins, ou un notaire et deux témoins ; 2° il
ne doit être dicté que par le testateur ; 3° il ne peut être écrit que
par le notaire ou l'un d'eux ; 4° il doit être écrit tel qu'il est dicté,
mais il suffit au notaire d'écrire la substance de la disposition sans
rien changer ; 5° il ne peut en être donné lecture qu'en présence
des témoins ; 6° il doit être fait mention expresse de l'observa-
tion de toutes les formalités exigées par l'art. 972, C. c. ; 7° il
doit être signé par le testateur, les témoins et le notaire ; mais
dans les campagnes, il suffit que la moitié des témoins sache signer. Si le testateur déclare ne savoir ou ne pouvoir signer, le notaire doit faire mention expresse dans l'acte de sa déclaration,
ainsi que de la cause qui l'empêche de signer (972, 974, C, c.).

8° Enfin, les témoins doivent réunir toutes les qualités re-
quises, ils doivent être majeurs, mâles, républicoles (980), et jouissant des droits civils ; mais l'art. 980 du Code a dérogé en ces
deux premiers points à la loi de ventôse, en ce que l'art. 9 de
cette loi veut, à peine de nullité, que les témoins soient domi-
ciliés dans l'arrondissement communal où l'acte est passé, et
que de plus ils soient citoyens français, et par là jouissant des
droits politiques, tandis que l'art. 980 du Code exige seulement
qu'ils soient sujets du roi et jouissant des droits civils.

Outre ces qualités absolues exigées pour les témoins, la loi
veut encore des qualités relatives : ainsi ne peuvent être témoins
les légataires, leurs parents, alliés ou serviteurs (975, Cod. civ,),
ceux du testateur, enfin ceux des notaires, ainsi que leurs clercs

(art. 10 de la loi de ventôse an XI); observons que l'exclusion
établie dans la loi de ventôse contre les parents ou alliés, s'ar-
rête après le troisième degré, tandis que le Code s'étend jusqu'au
quatrième degré inclusivement.

§ 3. — Du testament mystique.

On emploie cette forme de testament lorsque l'on veut tenir
secrète sa dernière volonté, et lui donner le caractère de l'authen-
ticité. Le testament mystique est donc un testament présenté, clos
et cacheté, au notaire, en présence de six témoins, ou qu'il fait
clore et sceller en leur présence. La condition essentielle de ce
testament est que le testateur sache lire pour s'assurer que le
testament est l'expression de sa volonté (978, Cod. civ.); car il
peut être écrit par une main étrangère. Les formalités auxquelles
il est soumis par l'art. 976, sont au nombre de sept : 1° il doit
être signé par le testateur, s'il sait et peut signer; dans le cas
contraire, il est appelé un témoin de plus avec mention de la
cause qui le fait appeler (977); 2° le testateur doit le présenter
clos et scellé au notaire en présence de six témoins; 3° s'il est présenté ouvert, il doit être clos et scellé par le notaire en présence
des témoins; 4° le testateur doit déclarer que le papier qu'il présente est son testament écrit par lui ou par une autre main,
mais signé de lui; 5° le notaire doit dresser l'acte de suscription,
et l'écrire sur le papier même ou sur la feuille qui sert d'enve-
loppe : 6° l'acte de suscription doit être signé par les témoins, le
testateur et le notaire; et si le testateur déclare ne pouvoir
signer par suite d'un empêchement survenu depuis la signature
du testament, mention doit être faite de sa déclaration; mais
l'art. 971, spécial au testament par acte public, ne peut s'appli-
quer au testament mystique; car, en matière de forme, tout est
de rigueur; 7° toutes les opérations, depuis et y compris la pré-

sentation au notaire, doivent être faites de suite et sans divertir à autres actes.

L'art. 976 ne fait pas de la date une condition de l'existence du testament mystique de celui qui peut parler. Le Code ne s'en est pas expliqué, et cela se conçoit, car ce testament prend la date de l'acte de suscription, qui, étant un acte notarié, doit être daté à peine de nullité (art. 12 de la loi de ventôse) ; mais il n'en est pas de même, lorsque le testateur ne peut parler ; en cela l'art. 979 du Code ne fait que reproduire l'art. 12 de l'ordonnance de 1735, qui, en permettant au muet de tester sous la forme mystique, exigeait que le testament fût écrit, daté et signé de la main du testateur.

Dans le cas où le testateur ne pourrait déclarer que le papier qu'il présente est son testament, il devra écrire, au haut de l'acte de suscription, en présence du notaire et des témoins, que ce papier est bien son testament; après quoi le notaire écrira l'acte de suscription dans lequel il sera fait mention que le testateur a écrit ces mots en leur présence (art. 979). Quant aux autres formalités, elles rentrent dans les dispositions de l'art. 976.

Le testament mystique régulier en la forme, fait foi jusqu'à inscription de faux de la sincérité de la signature, s'il est reconnu que toute substitution a été impossible.

SECTION II.

Des règles particulières sur la forme de certains testaments.

Ainsi que nous l'avons déjà dit plus haut, le Code reconnaît certains testaments qui ont des formes toutes particulières ; on en compte quatre espèces.

1° Le testament militaire ;

2° Le testament fait en temps de peste ;

3° Le testament maritime ;

4° Enfin celui fait en pays étranger.

Le Français, en pays étrenger, peut faire un testament olographe, ou, s'il veut que son testament soit fait par acte public, il doit s'assujétir aux formes observées dans le pays qu'il habite, d'après la règle *locus regit actum*.

Quant aux trois autres espèces de testaments, elles sont sujettes à peu de controverses, le législateur n'ayant eu en vue que d'autoriser l'emploi de formes plus simples.

Aucun des testaments faits à l'étranger ne pourra être exécuté en France, qu'après avoir été enregistré au bureau du domicile du testateur, s'il en a conservé un, sinon, au bureau de son dernier domicile connu en France. Cette formalité est prescrite, afin de faire connaître l'existence et les dispositions de ces testaments.

SECTION III.

Des institutions d'héritier et des legs en général.

Nous avons à voir maintenant quels sont les effets des dispositions testamentaires, quant aux biens. Le Code, sans s'arrêter à la dénomination qui peut leur être donnée, les divise en trois espèces : ce sont les legs universels, les legs à titre universel et les legs particuliers.

SECTION IV.

Du legs universel.

Le legs universel est la disposition testamentaire par laquelle le testateur donne à une ou plusieurs personnes l'universalité des biens qu'il laissera à son décès (1003); son caractère est le droit originaire ou éventuel à la totalité des biens.

S'il existe des héritiers à réserve, ils ont la saisine des biens, et le légataire universel est tenu de former contre eux une demande en délivrance des biens compris dans le testament. Toutefois, cette obligation n'empêche pas que le légataire universel n'acquierre les fruits de son legs ; à compter du jour du décès du testateur, pourvu que sa demande en délivrance ait été formée dans l'année depuis cette époque ; sinon, il n'aura droit à ses fruits que du jour de la demande formée en justice, ou du jour que la délivrance lui aura été volontairement consentie.

Qoique le légataire universel soit saisi de plein droit par la mort du testateur, lorsque celui-ci ne laisse point d'héritiers auxquels une quotité de biens est réservée par la loi, néanmoins il ne peut, dans tous les cas, se mettre de lui-même en possession de la succession ; il faut distinguer si le testament est par acte public, ou bien s'il est en la forme olographe ou mystique. Si le testament est par acte public, le légataire peut prendre possession des biens : il n'a besoin pour cela de remplir aucune formalité ; mais, s'il ne vient qu'en vertu d'un testament olographe ou mystique, il doit pour obtenir un titre exécutoire, présenter au président du tribunal civil du lieu de l'ouverture de la succession une requête à l'appui de laquelle il joint une expédition de l'acte de dépôt du testament, et se faire envoyer en possession des biens par une ordonnance du président mise au bas de la requête (1008).

Lorsque le légataire universel se trouve en concours avec des héritiers à réserve, il n'est tenu des dettes que personnellement pour sa part et portion, et hypothécairement pour le tout, sauf son recours contre les copartageants, à raison de leur portion contributoire. Il est tenu d'acquitter la totalité des legs, à moins qu'ils n'excèdent la quotité disponible.

SECTION V.

Du legs à titre universel.

Le legs à titre universel est la disposition par laquelle un testateur lègue une fraction de ses biens. Il peut y avoir legs à titre universel dans six cas : lorsque le testateur lègue une quote-part de tous ses biens indistinctement, ou seulement de la portion disponible, tous ses immeubles ou tout son mobilier, une quotité de tous ses immeubles ou de tout son mobilier.

Le légataire à titre universel n'étant jamais saisi de plein droit, il est tenu de demander la délivrance aux héritiers auxquels une quotité des biens est réservée par la loi ; et s'il ne s'en trouve pas, il doit s'adresser aux légataires universels ; et enfin, à défaut de ceux-ci, aux héritiers appelés dans l'ordre établi au titre des successions. Le légataire à titre universel est tenu, comme le légataire universel, des dettes et charges de la succession, personnellement pour sa part et portion, et *hypothécairement pour le tout*. A cet effet, si le legs est des immeubles ou des meubles, ou d'une quote-part des uns et des autres, pour régler la contribution du légataire aux dettes, il faut faire une ventilation qui fixe la valeur de son legs.

Lorsque le legs à titre universel est d'une quote-part de tous les biens, le légataire à titre universel est tenu des legs particuliers par contribution avec les héritiers naturels.

Si ce sont des legs particuliers d'objets légués comme corps certains et déterminés, ils demeurent à la charge des légataires à titre universel qui ont la généralité de la classe des biens dans laquelle se trouvent compris ces objets, d'après la règle *specialia generalibus derogant*.

SECTION VI.

Des legs particuliers.

La loi ne définit le legs particulier que d'une manière négative ; c'est-à-dire celui qui n'est ni universel ni à titre universel (1003, 1010 et 1013 combinés).

On peut léguer en général toute espèce de biens , pourvu qu'ils soient dans le commerce et susceptibles en particulier d'utilité pour le légataire, c'est-à-dire qu'il puisse l'avoir et en jouir.

Le legs pur et simple donne au légataire un droit à la chose signée, droit transmissible à ses héritiers ou ayant-cause ; il en est de même des legs à terme, l'exécution en est seulement différée jusqu'à l'échéance du terme.

Quant aux legs conditionnels , le droit ne se fixe sur la tête du légataire qu'à l'évènement de la condition. Ce n'est qu'alors qu'il devient transmissible. Dans tous les cas, la loi ne permet pas au légataire particulier de se mettre de sa propre volonté en possession de la chose léguée , il doit en demander la délivrance au débiteur du legs et ne peut en réclamer les fruits que du jour de la demande ou de celui auquel la délivrance lui est volontairement consentie (1014), à moins cependant que le testateur n'ait exprimé une volonté contraire, soit en le déclarant expressément, soit en léguant une rente viagère ou une pension à titre d'aliments (1015).

L'article 1016 distingue les frais de la demande en délivrance des frais de droit de mutation auxquels ils donnent ouverture , pour décider en principe que ceux-ci seront rapportés par les légataires , tandis que ceux-là resteront à la charge de la succession, pourvu toutefois que la réserve légale n'en souffre pas ; il permet, contrairement à l'ancien droit, à chaque légataire, de payer séparément les droits de mutation dus à raison de la disposition qui le concerne.

Les héritiers ou autres débiteurs d'un legs son personnellement tenus de l'acquitter, chacun au prorata de ce qu'ils prennent dans la succession; mais il sont tenus *hypothécairement pour le tout* (art. 1017).

Le legs d'une chose comprend naturellement ses accessoires nécessaires, et le débiteur du legs est tenu de mettre le légataire en libre possession; mais, à la différence du droit romain qui présumait que le testateur n'avait entendu léguer la chose qu'affranchie de tous droits d'hypothèque ou de gage, quand il savait qu'elle était affectée de ce droit, la chose doit être délivrée au légataire dans l'état où elle se trouvait au jour du décès du testateur (1018-1020). Cette décision est fort sage; on ne devait pas priver l'héritier du bénéfice du terme, ou l'obliger à faire des avances de la dette d'autrui.

Mais si le testateur a légué un immeuble et qu'il l'ait ensuite augmenté par des acquisitions même contiguës, celles-ci ne sont pas censées, sans une nouvelle disposition, faire partie du legs; mais il en serait autrement des embellissements ou des constructions nouvelles faites sur le fonds légué, ou d'un enclos dont le testateur aurait augmenté l'enceinte.

Lorsque l'objet du legs sera un corps certain et déterminé, le débiteur du legs sera tenu d'indemniser le légataire si la chose périt ou se détériore par sa faute; mais il sera libéré s'il prouve qu'elle a péri par cas fortuit et sans sa faute. Au contraire, quand l'objet du legs sera d'une quantité ou d'une chose indéterminée, la perte même fortuite ne le libérera pas, parce que les quantités et les genres ne périssent pas; et il ne sera pas obligé de la donner de la meilleure quantité, mais il ne pourra l'offrir de la plus mauvaise (1022).

Nos législateurs voyant à tort, dans le legs de la chose d'autrui admis en droit romain, une atteinte apportée au droit de la propriété, et pour mettre fin aux difficultés résultant de la question de savoir si le testateur avait ou non connaissance que la chose lui appartenait, ont, dans l'art. 1021, déclaré nul d'une manière expresse le legs de la chose d'autrui; cependant nous devons remarquer que cet art. 1021, ne s'appliquera pas au legs d'une quantité ou d'une chose déterminée par son genre, qui ne se trouve pas dans les biens du testateur; car c'est une charge imposée à l'héritier.

Le legs étant de sa nature une libéralité, l'art. 1023 tranche une question autrefois controversée, en décidant que le legs fait au créancier ne sera pas censé fait en compensation de sa créance, ni le legs fait au domestique en compensation de ses gages.

Le légataire particulier ne contribue point au paiement des dettes de la succession, sauf l'action hypothécaire (1024); mais son legs peut être réduit (926-927).

SECTION VII.

Des exécuteurs testamentaires.

Pour assurer l'exécution de ses dernières volontés, qui pourraient souvent être retardées par la mauvaise foi des héritiers, le testateur peut nommer un ou plusieurs exécuteurs testamentaires; c'est un véritable mandat confié par le testateur, mais qui offre cela de particulier qu'il ne commence qu'à l'époque où finit le mandat ordinaire.

Pour faciliter l'exécution des legs, l'art. 1026 permet au testateur de donner aux exécuteurs testamentaires la saisine de tout ou partie du mobilier, à la différence de l'ancienne législation qui la leur donnait de droit; mais elle ne pourra durer au-delà de l'an et jour, à compter de son décès; et s'il ne l'a pas donnée, ils ne pourront l'exiger (1026). Son objet étant d'assurer le paiement des legs, l'héritier pourra la faire cesser en offrant de remettre aux exécuteurs testamentaires une somme suffisante pour le paiement des legs mobiliers, ou en justifiant de ce paiement (1027).

L'exécution testamentaire étant un véritable mandat, on lui appliquera toutes les règles de ce contrat auxquelles il n'aura pas été dérogé; mais comme l'exécuteur testamentaire est imposé par le testateur aux héritiers, il ne peut, comme le mandataire ordinaire, être choisi parmi les incapables de s'obliger (1028). Ainsi, la femme mariée ne peut accepter l'exécution testamentaire qu'avec le consentement de son mari, consentement qui ne peut être suppléé par l'autorisation en justice qu'au tant que la femme est séparée de biens (1029); et le mineur même émancipé ne peut être relevé de cette incapacité par aucune autorisation (1030). L'art. 1031 énumère les différentes fonctions des exécuteurs testamentaires : leur mission est, en général, regardée comme indivisible; si donc, il y en a plusieurs qui aient accepté, un seul a qualité pour agir au défaut des autres; ils sont alors solidairement responsables du compte du mobilier qui leur a été confié; mais le testateur a pu diviser leurs fonctions, et chacun en se renfermant dans celle qui lui a été attribuée, ne répond que de ce qui le concerne. Tous les frais faits par l'exécuteur testamentaire pour l'apposition des scellés, l'inventaire, la reddition de compte, et autres par lui faites dans les limites de ses fonctions, seront à la charge de la succession.

imprimerie de Ph. CORDIER, rue du Ponceau, 24

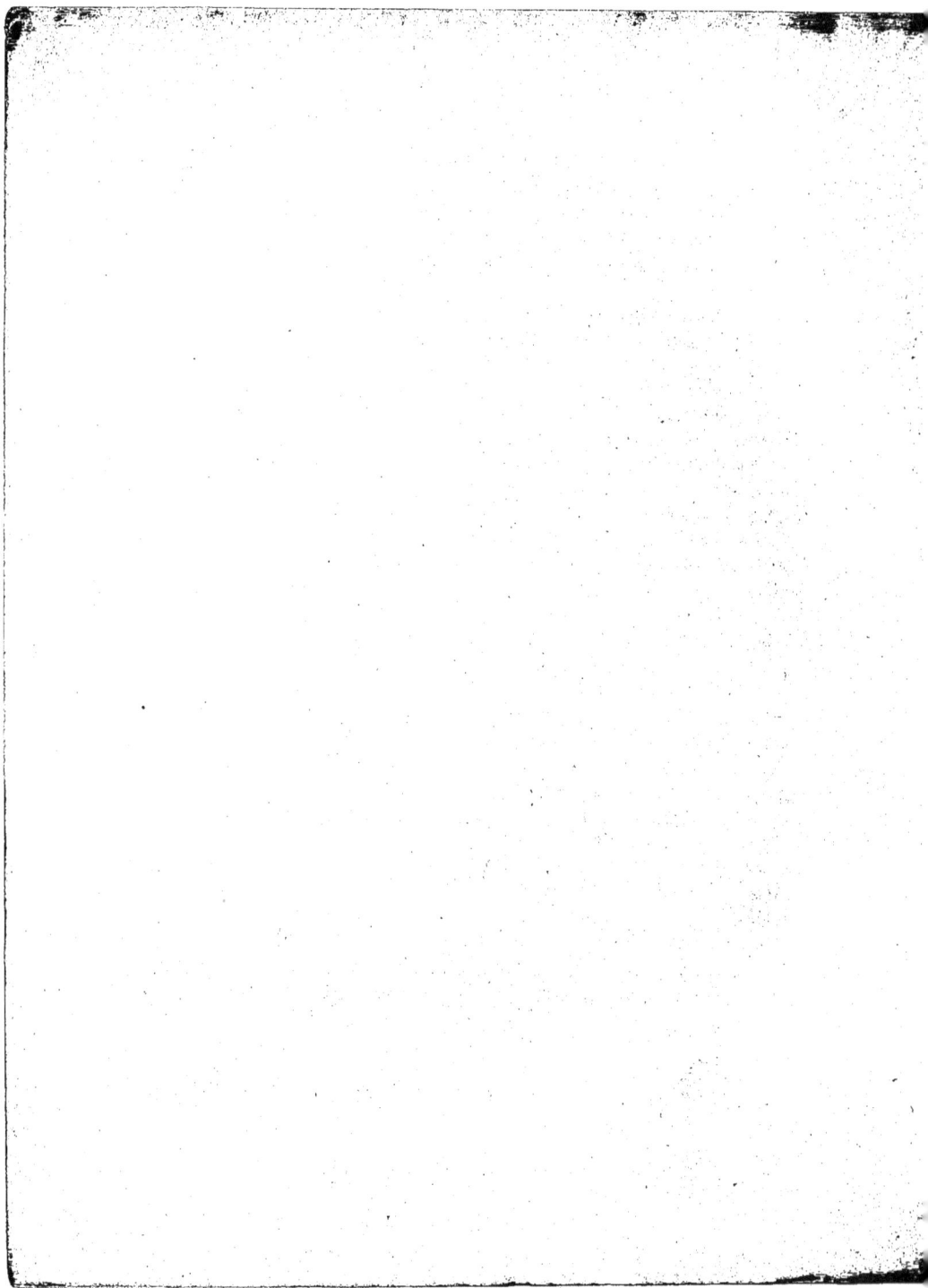

www.ingramcontent.com/pod-product-compliance
Lightning Source LLC
Chambersburg PA
CBHW050500210326
41520CB00019B/6288